Gisela Polzin
Ein Streifzug durch Hagen und Umgebung

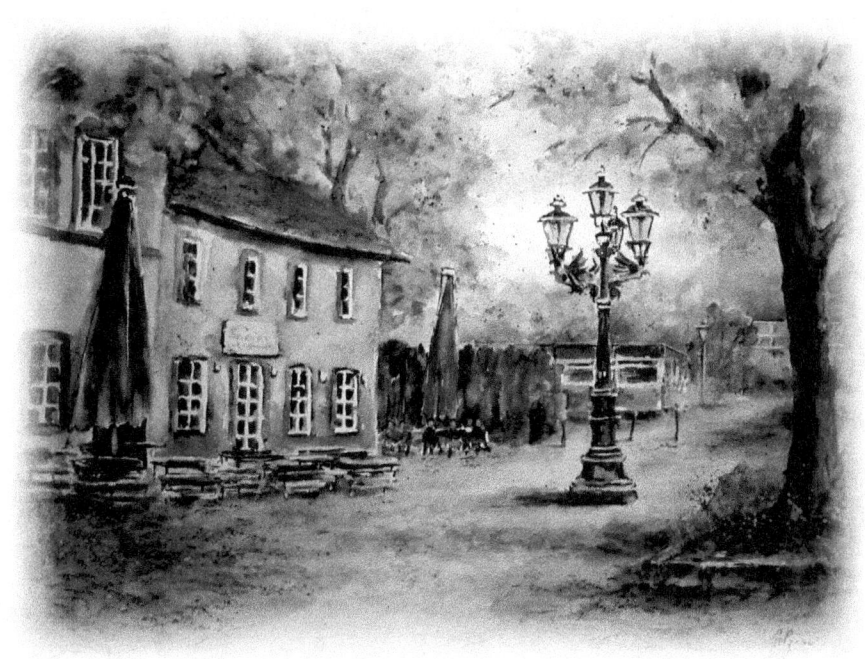

Volkspark in Hagen

Hagen ist eine kreisfreie Großstadt im südöstlichen Teil desRuhrgebiets. Im Volksmund wird Hagen als „das Tor zumSauerland" bezeichnet, da dieses mit seinem Nordwestrand an Hagen grenzt. Hagen nimmt mit dieser Lage eine wichtige Scharnierfunktion zwischen dem Ruhrgebiet und Südwestfalen ein.Hagen und Umgebung sind wunderschön.

Wenn man mit offenen Augen spazieren geht entdeckt man immer wieder neue Ausblicke oder Ecken und Winkel.
Bei diesen Streifzügen ist immer ein Skizzenbuch dabei um besondere Eindrücke, wie Landschaft Architektur, Menschen oder Stimmungen als ersten Entwurf für ein Bild oder ein Konzept schnell festzuhalten und sie dann im Atelier zu vollenden.

„Meistens entsteht aus den Skizzen ein Aquarell. Dazu braucht man Selbstvertrauen, sogar ein gewisses Quantum Bedenkenlosigkeit. Und man sollte der Farbe auch noch ein wenig Eigenleben lassen.
Wenn Hand und Auge mit Wasserfarben umgehen, kommt ein sehr spontaner Aspekt ins Bild. Das fertige Werk kann nicht mehr korrigiert werden. Es gelingt, oder die Arbeit ist gescheitert. Dieses Spontane führt mitunter zur Befreiung von der Fessel des Objekts.

Die aquarellierten Landschaftsstudien sind häufig nur noch Energie und Rhythmus, sie werden zu Seelenlandschaften-"
Eine Skizze ist ein erster Entwurf für ein Bild oder ein Konzept das erst noch ausgearbeitet werden soll.

Auf Reisen sind Skizzenbücher auch gleich Tagebücher in denen man gerne immer wieder blättert um sich an schöne Landschaften, Begebenheiten oder Augenblicke zu erinnern.

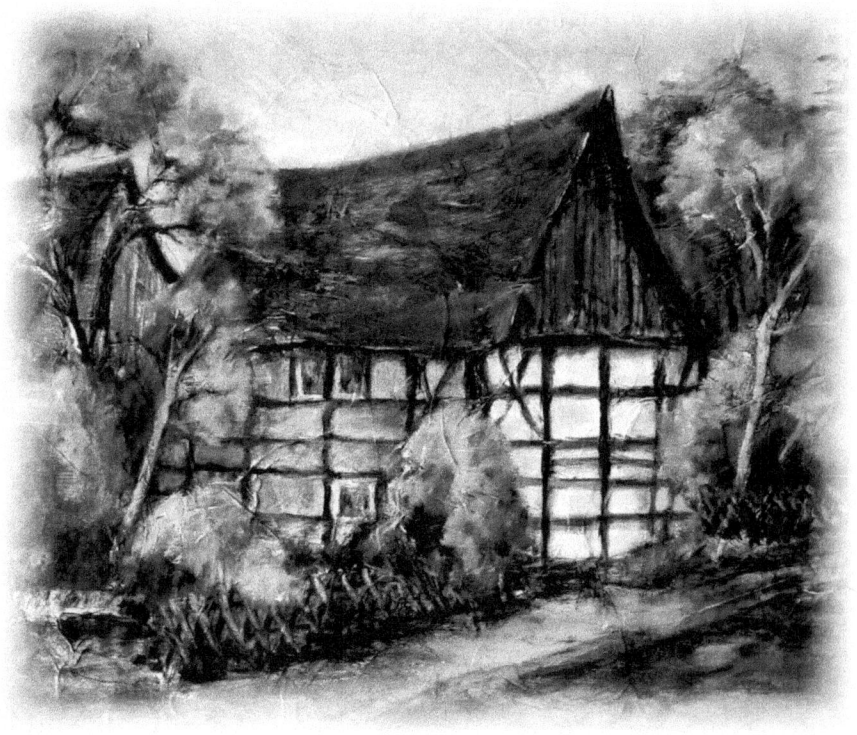

Struckenberg

Der Hof Struckenberg liegt in den Eilper Bergen hoch über der Mündung des Eilper Baches in die Volme. Wasser und Erze in dieser Region bewirkten schon in der Altsteinzeit eine Besiedlung durch Jäger und Ackerbauern. Auch im Mittelalter gab es in den Eilper Bergen Handwerkersiedlungen. Im 16. Jahrhundert wurde mit der Erzgewinnung begonnen. Hierzu wurde ein Schacht unter dem Roten Siepen unterhalb des Struckenberges angelegt.

Zeugnisse für diese geschichtlichen Entwicklungen sind heute verloren gegangen und nicht zu besichtigen. Folgt man den Wanderwegen des SGV durch die Eilper Berge findet man hin und wieder Höfe wie den abgebildeten Hof Struckenberg, ansonsten bewegt man sich durch landwirtschaftlich genutzte erholsame Natur.

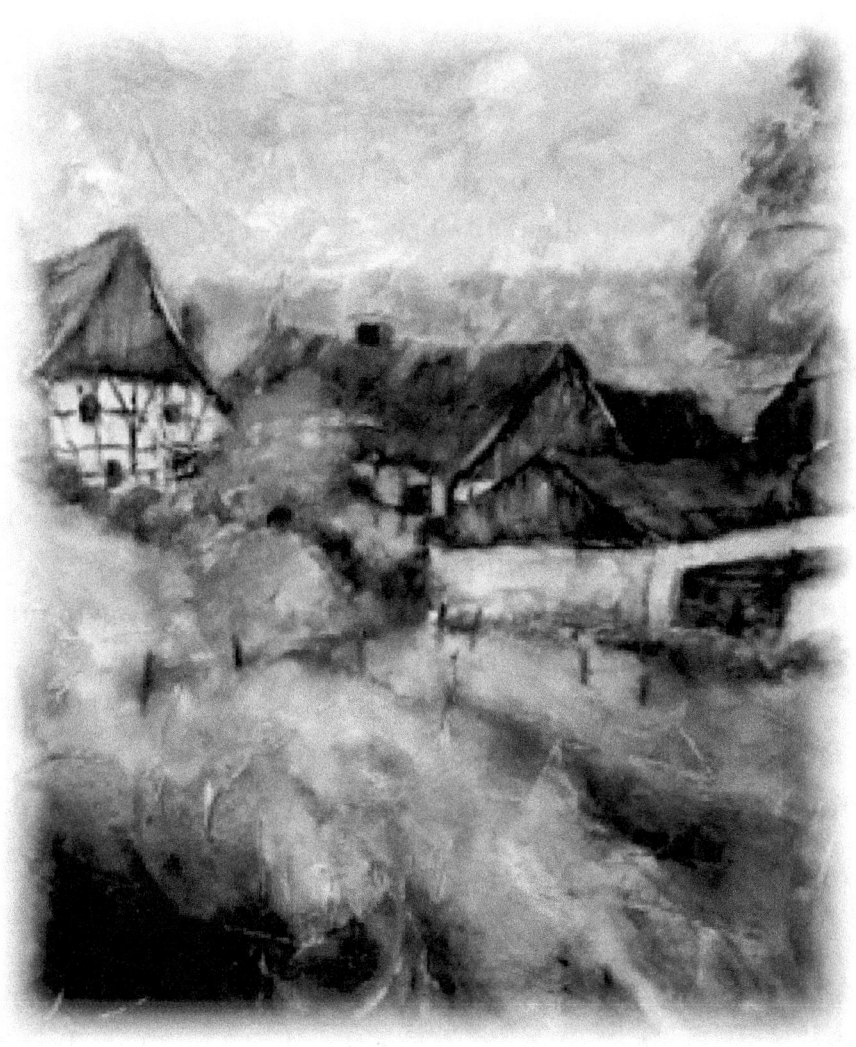

Theater Hagen

In der Hagener Innenstadt befindet sich das nach den Entwürfen des Darmstädter Architekten Ernst Vetterlein errichtete neoklassizistische Theatergebäude. Betritt der Besucher die Räumlichkeiten durch den Haupteingang, so wird er von vier antiken Musen begrüßt. Die Skulpturen wurden durch Milly Steger geschaffen.

Das Hagener Stadttheater wurde auf Initiativen des Hagener Theatervereins und der Hagener Konzertgesellschaft im Jahre 1901 erbaut. Schon zu damaligen Zeiten war die Finanzierung des Theaterbaus ein großes Projekt, das einen Zeitraum von ca. zehn Jahren in Anspruch nahm. Ende des zweiten Weltkrieges ereignete sich die weitgehende Zerstörung durch Angriffe der US-amerikanischen Bomber. Nach Kriegsende wurde es jedoch wieder aufgebaut.

Das Stadttheater ist ein bekanntes Hagener Wahrzeichen und kultureller Anziehungspunkt mit dem Schwerpunkt Musiktheater, das von vielen Menschen jährlich angenommen wird.

Gisela Polzin zeigt mit ihrem Bild den sehenswerten Haupteingang des Theaters Hagen; eine Aufforderung zum Betrachten der Skulpturen über den Eingängen und eine Einladung an einer der nächsten Aufführungen des Hagener Stadttheaters teilzunehmen.

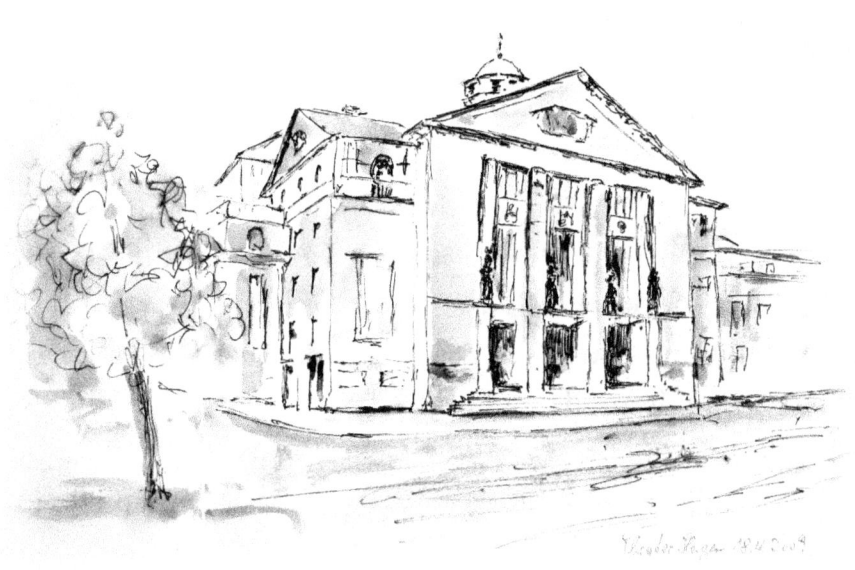

Blick aus der Mittelstraße auf die Johanniskirche

Die Johanniskirche am zentralen Markt liegt in den Flussauen der Volme und ist der älteste Kirchenstandort in Hagen und Umgebung.

Bereits zu Zeiten Karls des Großen wurde hier eine hölzerne Kirche errichtet. Dieser Bau wurde in der zweiten Hälfte des 12. Jahrhundert durch eine kreuzförmige romanische Basilika ersetzt, die wiederum bis Mitte des 18. Jahrhunderts Bestand hatte. Dann errichtete der aus Tirol stammende und in Soest ansässige Baumeister Georg Eggert eine größere, dreischiffige Hallenkirche in schlichten Barockformen. Der alte romanische Turm wurde allerdings erst 1903-04 durch eine neue Schaufassade mit spitzhelmbekröntem Turm und Taufkapelle unter Leitung des Architekten Walter Fischer ersetzt. Die gesamte Kirche wurde im zweiten Weltkrieg schwer beschädigt, aber größtenteils bis 1951 wieder aufgebaut. Der Turmhelm wurde aber erst 1980 wieder aufgesetzt. Leider wurde auch die barocke Innenausstattung im zweiten Weltkrieg zerstört. Die heutigen Prinzipalstücke wurden von Prof. Arnold Rickert aus Bielefeld geschaffen, das Chorfentster entwarf Paul Thol aus Gelsenkirchen und die große Fensterrose in der Turmfassade gestaltete der Hagener Leo Janischowsky 1992 in Alabaster nach dem Christuswort „Ich bin das Licht der Welt".

Der Blick auf die Johanniskirche erschließt sich am besten aus der Hagener Fußgängerzone, von der Mittelstraße aus. Die Kirche bildet den Beginn und das Ende der Fußgängerzone.

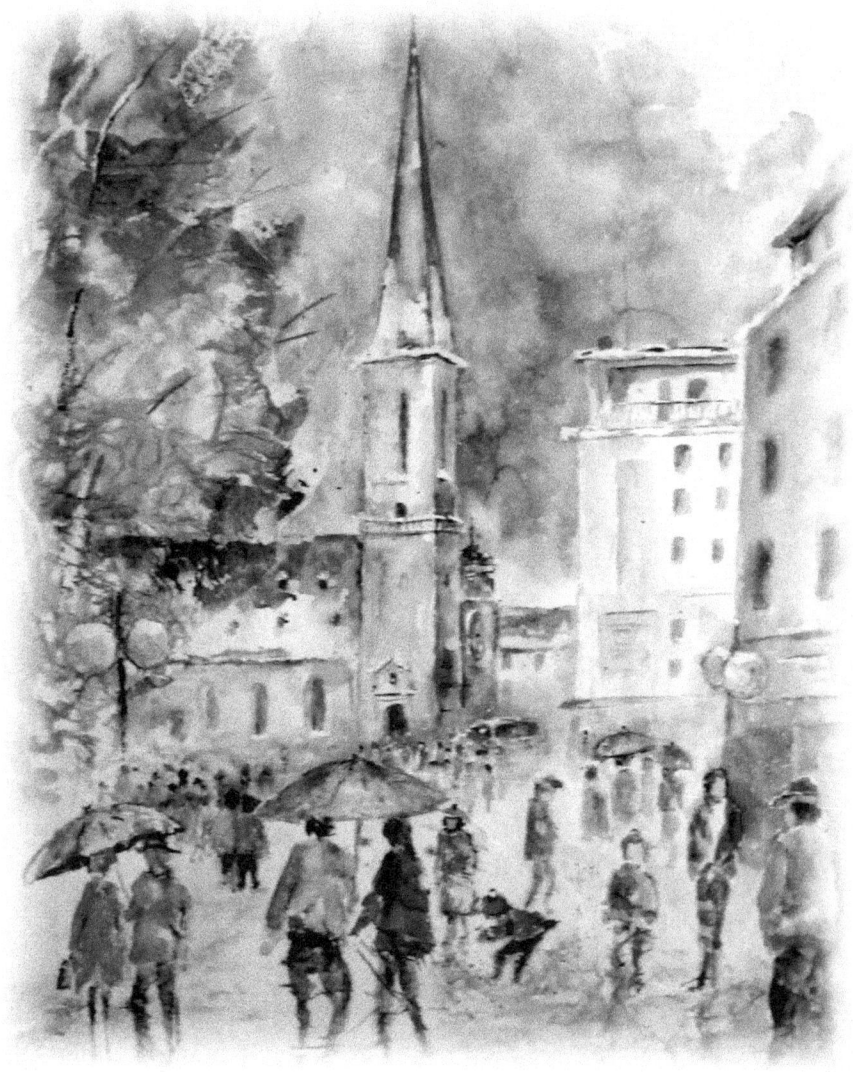

Breckerfeld

Die kleine Hansestadt Breckerfeld im nördlichen Sauerland, die nahezu vollständig im spätmittelalterlichen Zustand erhalten ist und noch heute von Breckerfelds Bedeutung zu jener Zeit kündet, liegt am Jakobsweg zum Grabe des Heiligen Jakobus in Santioago de Compostela in Spanien. So verwundert es nicht, dass sowohl die evangelische als auch die katholische Kirche von Breckerfeld dem Heiligen Jakobus gewidmet sind.

Von der Eppscheier Straße aus hat man einen Blick auf beide Kirchen

Breckerfeld

Die Alte Schmiede im Steinbachtal

Auf einer Wanderung durch das Steinbachtal kommt man zur Alten Schmiede und kehrt bestimmt zu Kaffee und Kuchen ein.

"Ich beabsichtige hierselbst in meinem Hause Nr. 162 eine Schenkwirthschaft zu errichten. In demselben ist bis vor mehreren Jahren eine solche betrieben worden. Diese hat der frühere Wirt Löwen nur auf Veranlassung seiner Angehörigen, weil der dem Trunke etwas zugeneigt gewesen sein soll, aufgegeben. Da hier der öffentliche Weg von Breckerfeld nach Rüggeberg vorbeiführt und diesen viele Leute passieren, wirt öfter hier nach Getränken gefragt. Indem ich bemerke, daß ich durch den mitgemachten Feldzug gegen Frankreich meinem Geschäft häufig nicht so vorstehen kann, wie es sich gehört, bitte ich Euer Hochwohlgeboren ganz ergebenst, für mich die Conzession zur Schenkwirthschaft geneigtest erwirken zu wollen.

Euer Wohlgeboren ergebenster Heinrich Kuehne."

Diese erbetene Konzession hat er niemals erhalten. Die Schmiede diente fortan als Stall und Unterstellschuppen. Am Bauernhof vorbeiziehende hungrige und durstige Wanderer, die bei der Familie an die Tür klopften, bekamen dennoch ein Glas Milch, frisches Quellwasser oder eine Schüssel Dickmilch mit Zucker und

Zwieback. 1964 musste eine Entscheidung getroffen werden: Aufgabe des über 350 Jahre im Familienbesitz befindlichen Hofes mit Haus und "Alter Schmiede" oder mit Elan, Fleiß und Phantasie den Kampf aufnehmen!? Helmut Kühne, der Urenkel des Antragstellers, hatte mit dem 1964 eingereichten Antrag auf Erteilung einer Konzession für eine Gaststätte mehr Erfolg. Er bekam sie auf Anhieb.

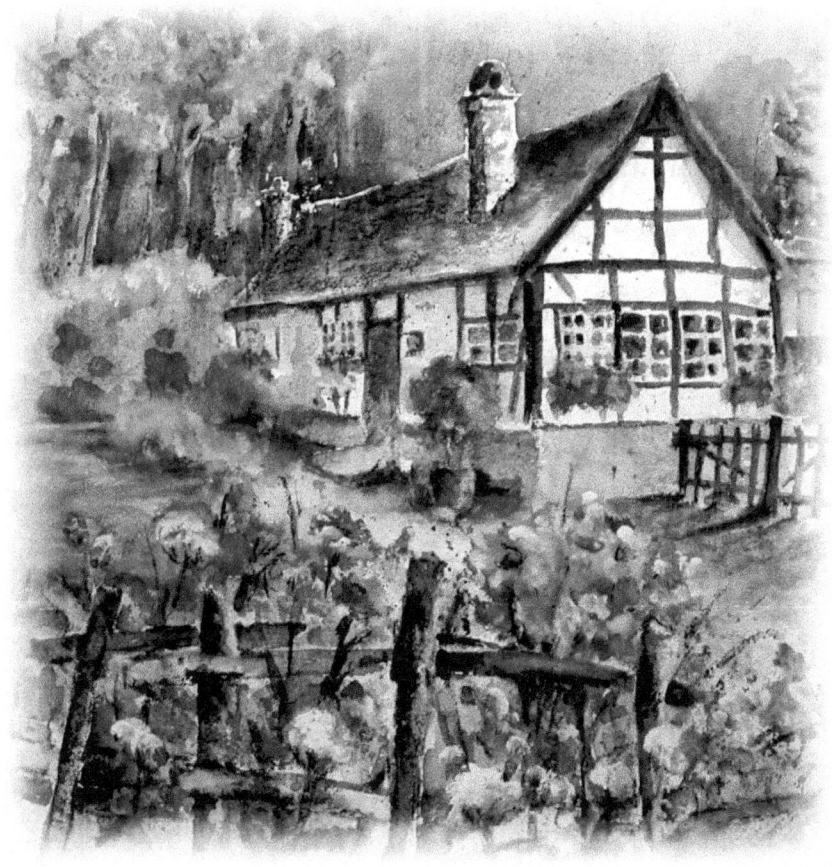

Matthäus Kirche in Hagen-Dahl

Auf dem Weg zurück nach Hagen kommt man ins Volmetal und nach Dahl. Die evangelische Kirche gehört zu den markantesten Bauwerken dieses Stadtteils.

Ein Pastor von „Dael" wird erstmals 1273 genannt. Am 17. September 1729 brannte ein Teil des Adelshauses Dahl ab, wobei auch die benachbarte, evangelische Kirche stark beschädigt wurde. Nur einige Teile, vor allem der Chor (13. Jh.) und die Sakristei (14. Jh.) blieben erhalten und wurden Bestandteil des bereits 1730 erfolgten Wiederaufbaus. Die heutige Kirche – einst dem Evangelisten Matthäus geweiht – ist ein einschiffiges aus Bruchstein gebautes Gotteshaus mit Fünf-Achtel-Chor. Im Innern finden sich wertvolle Ausstattungsstücke, wie der Altar von 1774, der Taufstein von 1696, die Kanzel von 1738 sowie das Kirchengestühl von 1730. Außerdem wurden 1963 Wandmalereien aus dem 14. Jh. freigelegt, die Szenen aus dem Leben der Heiligen Katharina von Alexandrien zeigen.

Über die Volme führt Hagens wahrscheinlich älteste erhaltene Straßenbrücke. Sie bekam ihr heutiges Aussehen um 1848/50, nachdem 1844/47 die neue Chaussee durch das Volmetal gebaut worden war. Mit Sicherheit hat an dieser Stelle allerdings schon vor 1848 eine Brücke existiert, wobei vermutet wird, dass es sich hierbei um eine hölzerne Balkenbrücke handelte. Die heutige, rund 28 Meter lange Brücke dient seit 1975 nur noch dem Fußgängerverkehr. Sie hat drei Korbbogen (mit einem Mauerwerk aus Grauwacke) und mit Kanzeln versehene „Vorköpfe", als „Eisbrecher" zugespitzt und stammt aus der Zeit um 1850

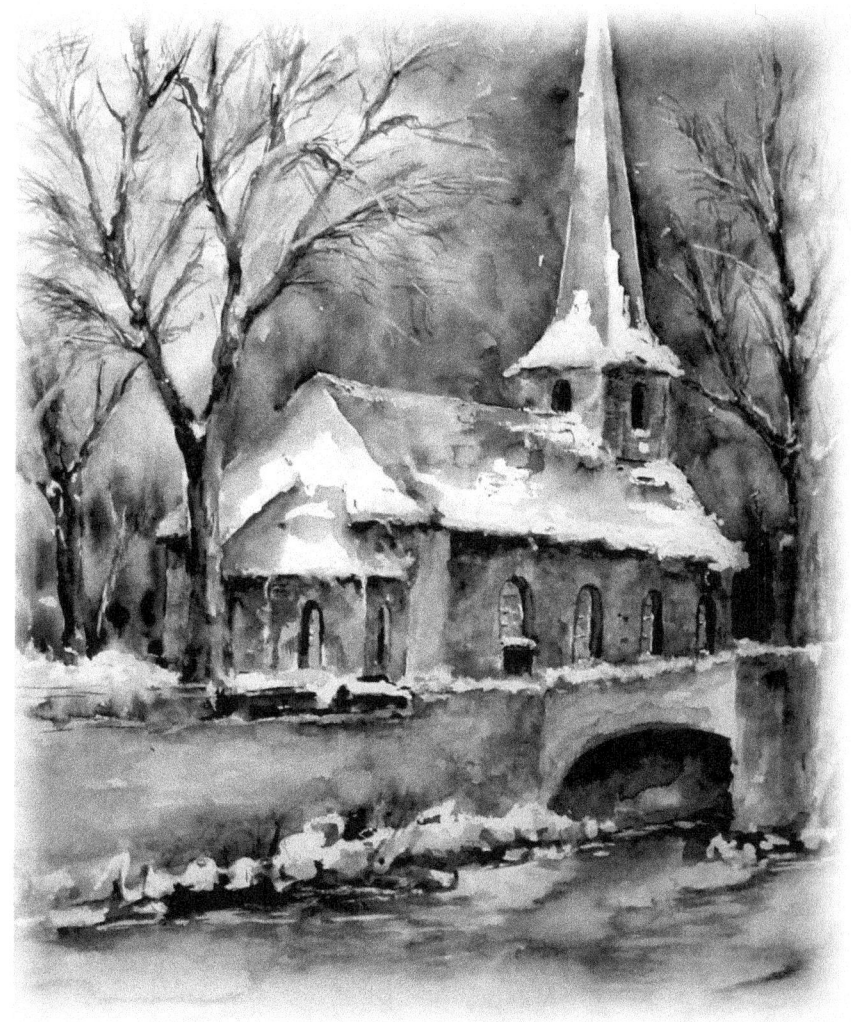

Wasserschloss Werdringen

Das Wasserschloss liegt idyllisch in den Ruhrtalauen, umgeben von altem Baumbestand in einem Naturschutzgebiet. Der malerische Blick in das Ruhrtal mit den benachbarten Ruinen der Burg Volmarstein und der Burg Wetter sowie auf den Wetterschen Harkortturm und Freiherr-vom-Stein-Turm machen Werdringen zu einem Ort, der zu den landschaftlich attraktivsten in Nordrhein-Westfalen zählt.

Der Adelssitz Werdringen wurde erstmalig im 13. Jahrhundert erwähnt. Damals bestand ein befestigtes Burghaus. Während der Soester Fehde im Jahr 1449 wurde der Adelssitz beschossen und gebrandschatzt. Anschließend wurde es als Wasserburg wiederaufgebaut. Am Ende des 18. Jahrhunderts glich das Wasserschloss allerdings eher einer Ruine. Die hölzerne Zugbrücke war abgebaut und die bis dahin zwei Meter hohen Ringmauern abgetragen worden. Mit Änderung der Besitzverhältnisse zu den Grafen von der Recke-Volmarstein erfolgte eine letzte Bauphase in der Mitte des 19. Jahrhunderts. Man ließ Teile der mittelalterlichen bzw. frühneuzeitlichen Gebäude renovieren und zu einem Wasserschloss im neugotischen Stil ausbauen. Sowohl Ruhrtal wie auch der nahegelegene Kaisberg waren mehrfach Schauplätze historischer Ereignisse. Man erzählt sich Geschichten, dass einst der römische Feldherr Varus im Jahr 9 und

Jahrhunderte später Karl der Große bei der Belagerung der sächsischen Sigiburg 775 hier gelagert haben. Im Jahre 1876 entdeckten Arbeiter beim Bau der Volmetalbahn drei bronzene Langschwerter aus der Bronzezeit und Urnenfelderkultur in der Nähe des Kaisberges.

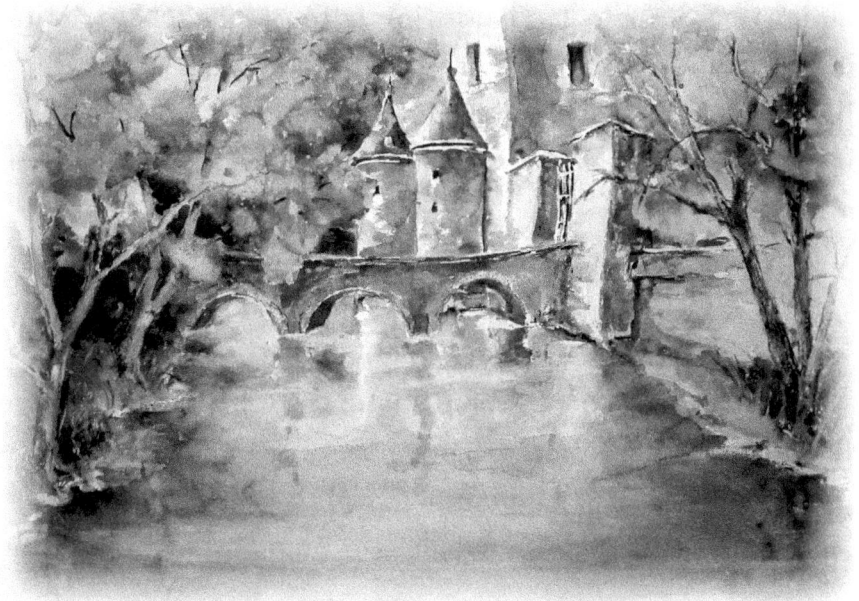

Das Wasserschloss Werdringen ist von einer einzigartigen Natur- und Geschichtslandschaft umgeben. In der näheren Umgebung der Burganlage befinden sich zahlreiche paläontologische, archäologische und historische Denkmäler.

Niederste-Hülsberg – Landgut in Vorhalle

Das Gut Niederste-Hülsberg war einst ein herrschaftliches Anwesen in den Ruhrauen. Heute ist es an der Weststraße zwischen Vorhalle und Wetter gelegen. Auf der 900 Jahre alten Hofstelle wurde das einst prachtvolle und heute denkmalgeschützte Gebäude im Jahre 1785 gebaut. Mitte des 19. Jahrhunderts teilten sich etwa 40 Grundeigentümer die 1.100 ha landwirtschaftliche Fläche in Vorhalle, von denen die Hülsbergs zu den größten Grundeigentümern gehörten.

In den letzten Jahrzehnten ließen die Eigentümer der Hofstelle die Gebäude mehr und mehr verfallen, so dass die Stadt Hagen zu Sicherungsmaßnahmen gezwungen war. Da auch Grundsteuern nicht mehr gezahlt wurden, leitete die Stadt Zwangsversteigerungsmaßnahmen ein. Die weitere Entwicklung des Gutshofes ist noch abzuwarten.

Das Bild zeigt den kleinen Teich auf dem Hofgelände.

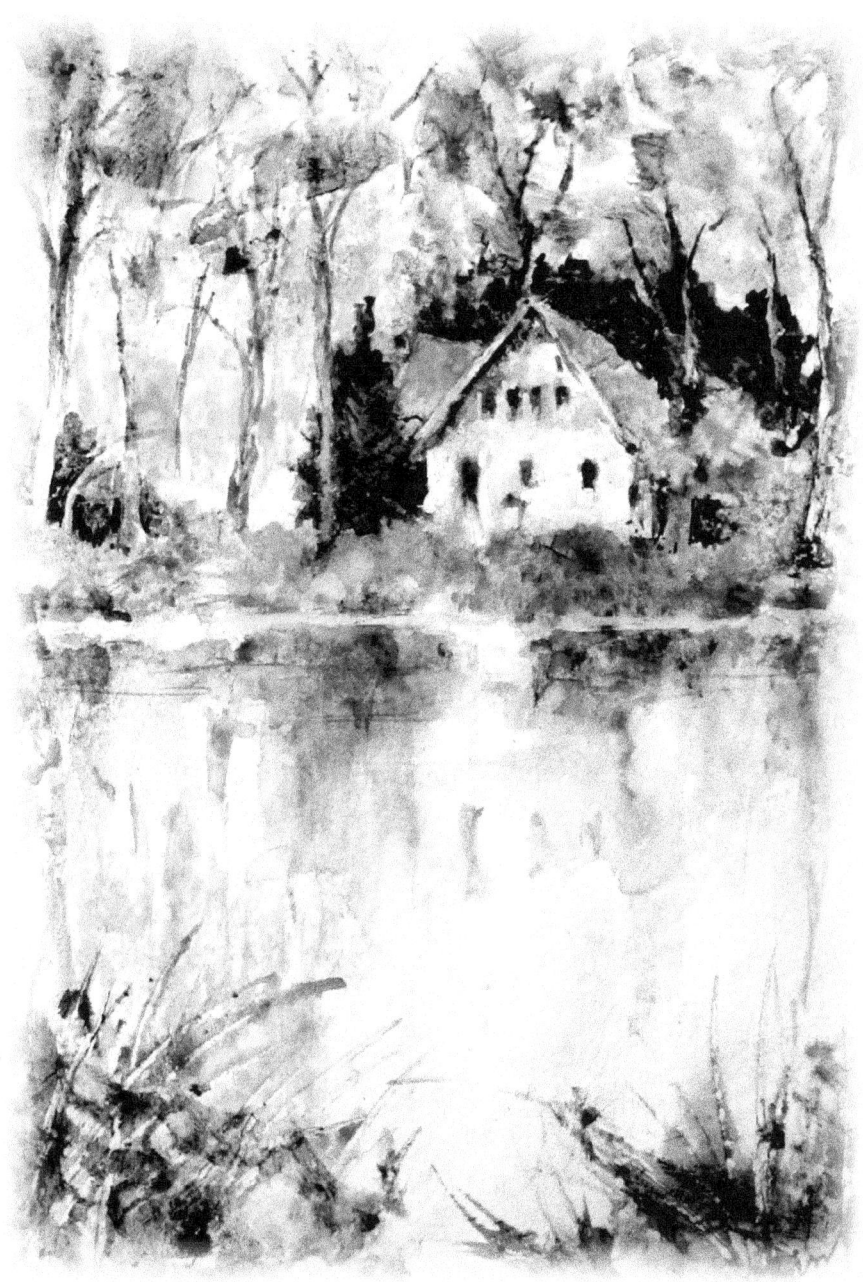

Minihotel in Herdecke

In Hagen und Umgebung findet man an mehreren Stellen auch außerhalb des Hagener Freilichtmuseums hübsche Fachwerkhäuser, die im zweiten Weltkrieg nicht zerstört und in ihrer ursprünglichen Bausubstanz erhalten werden konnten.

Eines der kleinsten Fachwerkhäuser ist das Minihotel in Herdecke. Erbaut wurde es um 1730 mit einem Darlehen von dreißig Reichsthalern. Heute wird es als das kleinste Hotel Deutschlands genutzt. Es bietet zwei Einzelzimmer und ein Doppelzimmer sowie einen gemütlichen Wohnraum.

In diesem Hotel haben schon verschiedene bekannte Persönlichkeiten genächtigt, so z. B. Friedensreich Hundertwasser, der eigentlich großen Wert darauf legte, inkognito zu bleiben, aber nach einem Spaziergang durch Herdecke doch sehr enttäuscht darüber war, dass ihn keiner erkannt hatte.

Das Bild zeigt das zweigeschossige Fachwerkhaus mit seinen vom Alter schon leicht gebeugten Balken, der Eingangstür und den vier Fenstern. Dem Betrachter fällt es leicht sich vorzustellen, dass Handwerker und Kleinbürger in diesem Häuschen ein zufriedenes Leben geführt haben.

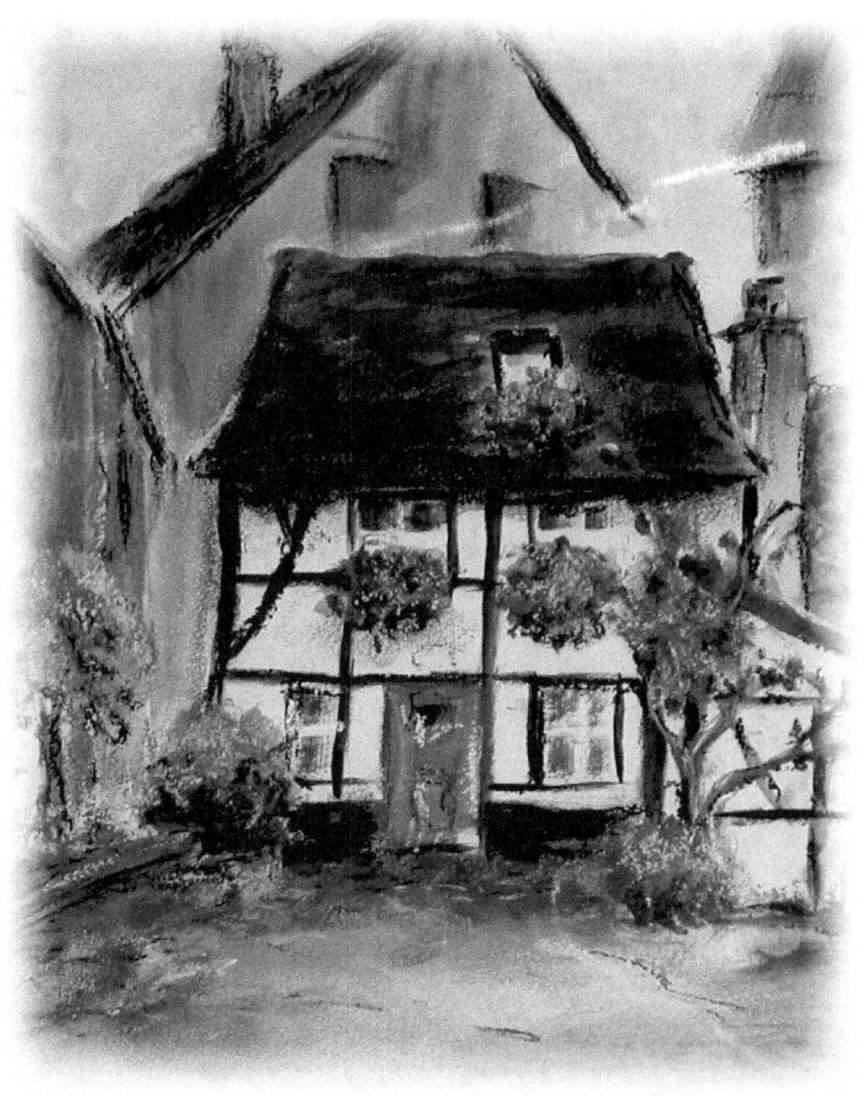

Rathaushaus in Herdecke

Herdecke liegt direkt an der Ruhr mit ihren beiden Stauseen, Hengsteysee und Harkortsee, dem Ruhrtal und der Ardeypforte. Landschaftlich gehört Herdecke zu den nordwestlichen Ausläufern des Sauerlands und wird konkret dem niederbergisch-märkischen Hügelland zugerechnet. Herdecke liegt auf einer Höhe von 80 bis 274 m über NN.

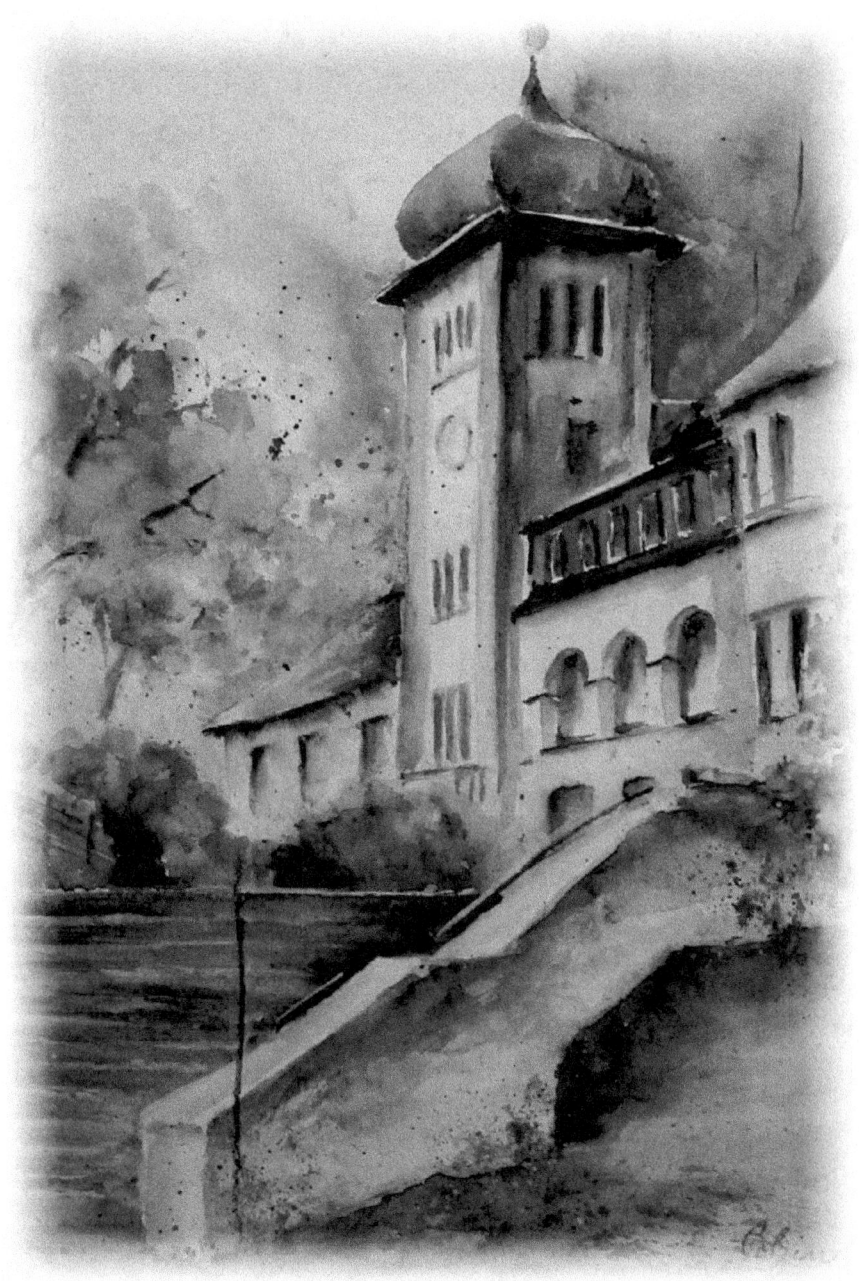

Burg Volmarstein

An der Mündung der Volme in die Ruhr mit einem weiten Blick über das Ruhrtal und die Stadt Wetter liegt die Ruine einer bedeutsamen Burganlage des Spätmittelalters. Die im Jahr 1100 von dem Kölner Erzbischof errichtete Burg diente zunächst dem Schutz der erzbischöflichen Schutzgeleitstraße von Ennepetal nach Soest und war Verwaltungsmittelpunkt der Herrschaft von Volmarstein, der auch Hagen gehörte. Im Verlauf von kriegerischen Streitigkeiten zwischen dem Erzbistum von Köln und den Grafen von der Mark wurde die Burg zweimal belagert, erobert und teilweise geschleift, jedoch auch zweimal wieder aufgebaut. Erst die Zerstörung des Dorfes Volmarstein durch einen Brand im Jahr 1754 führte dazu, dass die Dorfbewohner das zu dieser Zeit unbewohnte Schloss als Steinbruch benutzten und die Schlossanlage damit zerstörten.

Symbol des Schlossberges ist heute der Turm, der von dem Grafen Recke-Volmarstein im 17. Jahrhundert saniert wurde. Die Skizze zeigt diesen Turm mit der damals errichteten Mauerstütze sowie den malerischen Blick vom Burgberg in das Ruhrtal. Das Bild lädt zum träumenden Rückblick in die 900-jährige Vergangenheit ein. Stellen Sie sich mittelalterlichen Reiseverkehr über die erzbischöfliche Schutzgeleitstraße oder die mittelalterliche, bäuerliche Betriebsamkeit in dem noch nicht verbauten Ruhrtal vor.

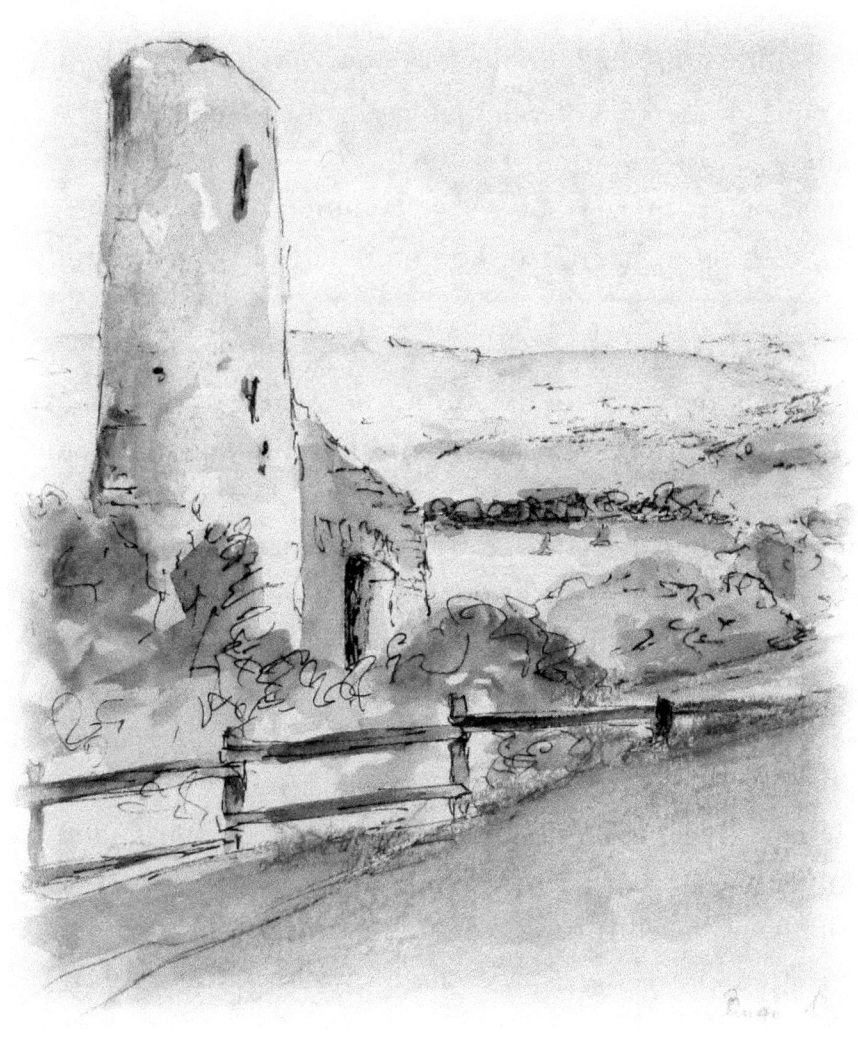

Freiheit Wetter

Im Mittelalter bedeutete Freiheit für eine Ansiedlung Rechte zu haben, die denjenigen einer Stadt sehr nahe kamen. Dazu gehörten das Recht auf Befestigung und das Recht einen Bürgermeister sowie einen Magistrat zu wählen, d. h. eine begrenzte kommunale Selbstverwaltung zu haben.

Die Stadt Wetter liegt gegenüber dem Schloss Volmarstein auf der anderen Seite der Ruhr. Sie wird umschlossen von einem Ruhrtalbogen und bestand im Mittelalter aus einem Dorf, das im Ruhrtal gelegen war und der Freiheit Wetter, die 40 m über der Ruhr auf einem Ausläufer des Ardeyhöhenzuges gelegen ist. Freiheit und Dorf, die damals eine Verwaltungseinheit bildeten, erhielten 1355 das Freiheitsprivileg, das außerdem eine begrenzte örtliche Gerichtsbarkeit umfasste. Die Freiheit war schon zu dieser Zeit von einer Mauer umgeben. Zwei Tore führten in die Freiheit. Sieben Burgmannenfamilien besaßen im ausgehenden Mittelalter auf der Freiheit ein Haus.

Mit der Einrichtung des Kleve-Märkischen Bergamtes in der Freiheit Wetter sowie dem Einzug von Freiherr von Stein als Bergamtsdirektor wurde die Freiheit in Wetter zu einem wichtigen Verwaltungsstandort.

Nach Verlegung des Bergamtes übernahm Friedrich Harkort die leerstehenden Gebäude zur Einrichtung von mechanischen Werkstätten. Wegen ihrer engen Verbindung zum Leben und Wirken von Friedrich Harkort ist Wetter auch als Harkortstadt bekannt. Dies manifestiert sich in der Bezeichnung von Bergen, Seen, Türmen, Straßen, Festen, Gedenktafeln und Denkmälern, die in Wetter den Namen Harkort tragen.

Mäuseturm im Hengsteysee

1895 erwarb der Hagener Schraubenfabrikant, Wilhelm Funke, das ehemalige Rittergut Niedernhofen, das nach einem Brand nicht wiederaufgebaut worden war.

Dafür baute sich Wilhelm Funke am rechten Ruhrufer, am Hang des Klusenbergs eine prachtvolle, burgähnliche Villa, im Volksmund „Die Funkenburg" genannt. Heute wird sie als Gaststätte genutzt und Wanderer und Radfahrer kehren gerne dort ein.

Um von hier aus seine Fabrik in Eckesey ohne große Umwege erreichen zu können baute er sich eine Hängebrücke mit zwei „Burgtürmen" über die Ruhr.

1929 wurde die Ruhr zum jetzigen Hengsteysee aufgestaut und der südliche Brückenturm, heute als Mäuseturm bekannt, steht sehr malerisch auf einer kleinen Insel im See.

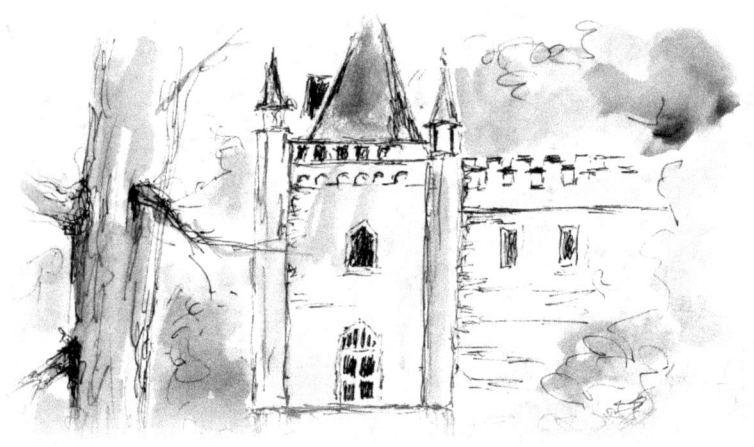

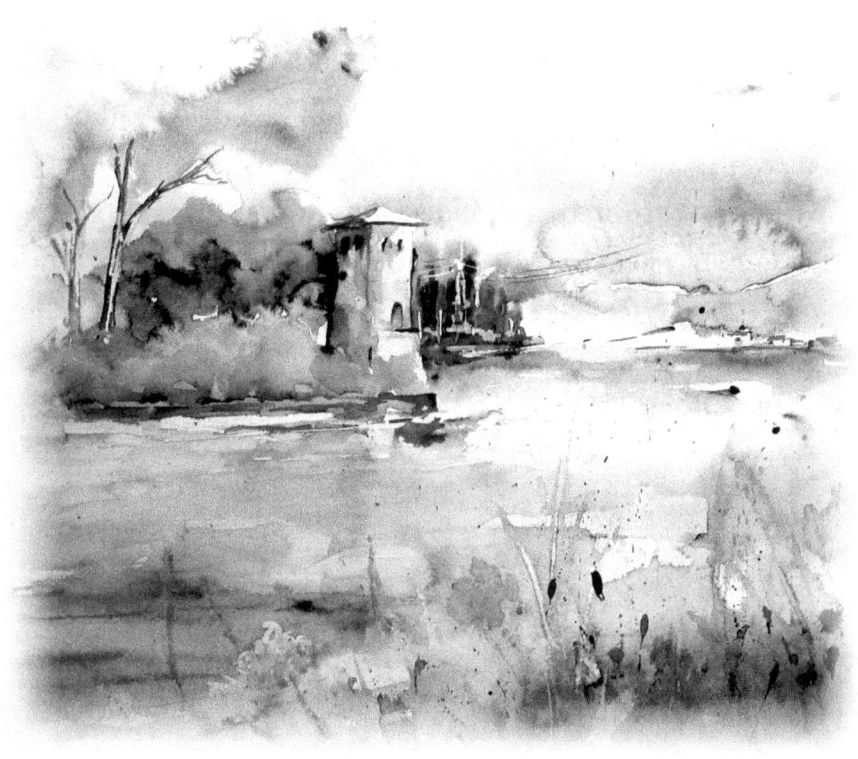

An der Lenne bei Hohenlimburg

Die Lenne ist ein Hauptnebenfluss der Ruhr. Sie entspringt in 819 m übr NN an den Hängen des Kahlen Astens, dem zweithöchsten und bekanntesten Berg in Nordrhein-Westfalen im Sauerland und mündet nach einer Fließstrecke von 128,2 km zwischen Dortmund und Hagen direkt in den Hengsteysee. Das Flusstal hat sich stark eingegraben und wird an vielen Stellen zur Stromerzeugung aufgestaut.

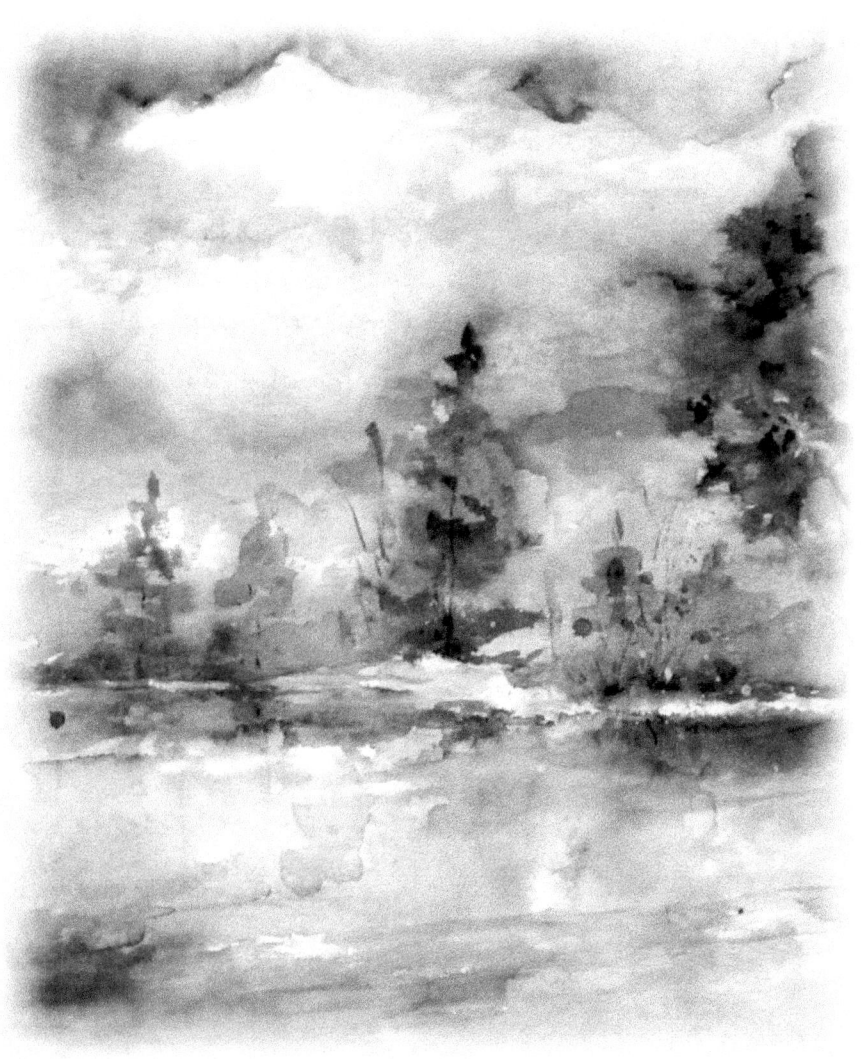

Hohenlimburg Elsey

Das Kloster Elsey liegt heute in Hagen-Hohenlimburrg. Es wurde um 1220 vonFriedrich von Isenburg als Prämonstratenser - Chorfrauen Stift gegründet und mit der dortigen Pfarrkirche und anderen Besitzungen beschenkt. Das mittelalterliche Kloster wurde im 15. Jahrhundert in ein adeligesDamenstift umgewandelt. Im 16. Jahrhundert wurde die Pfarrei evangelisch, später auch das Stift. Es bestand bis zu seiner Säkularisierung im Jahre 1810 Nach dessen Auflösung gingen die Ansprüche für die Pachtbeiträge an die evangelische Pfarrei Elsey über. Erhalten sind die romanische Pfarrkirche und einige Kurien der Stiftsdamen.

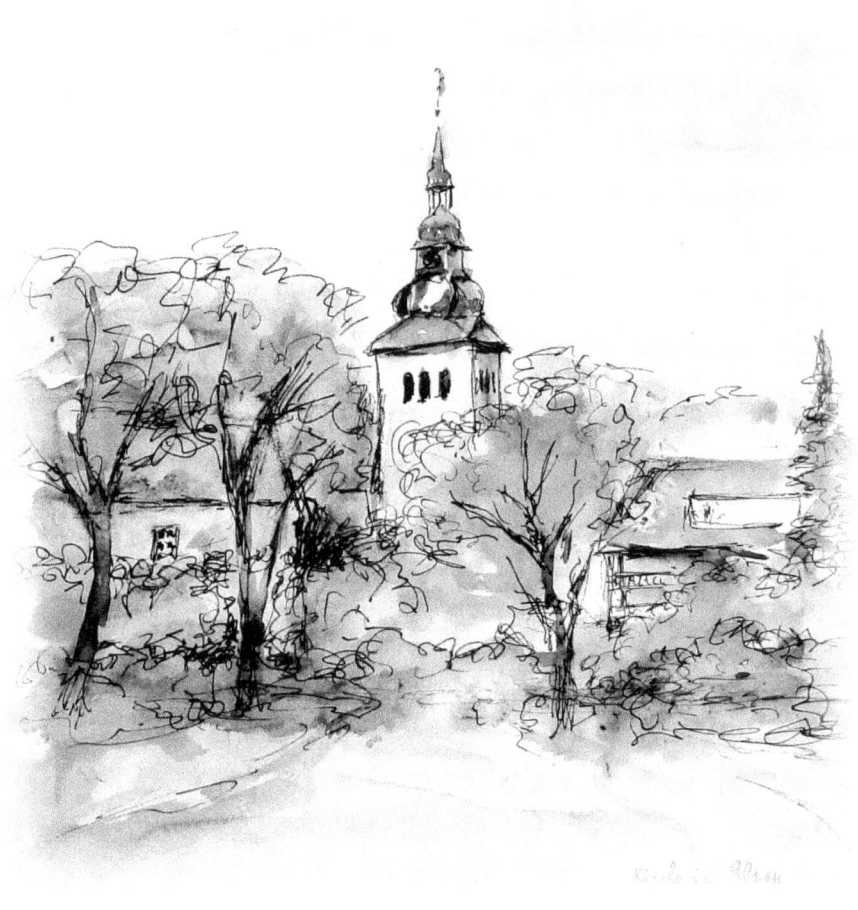

Sonnige Wintertage-
Nebelverhangene Landschaften-
Unberührter Schnee-
Strahlende Eiskristalle
Stille im Frost
Winterzauber

Schloss Hohenlimburg, der märchenhafte Anblick bevor man den Durchgang passiert und auf den Schlosshof kommt.

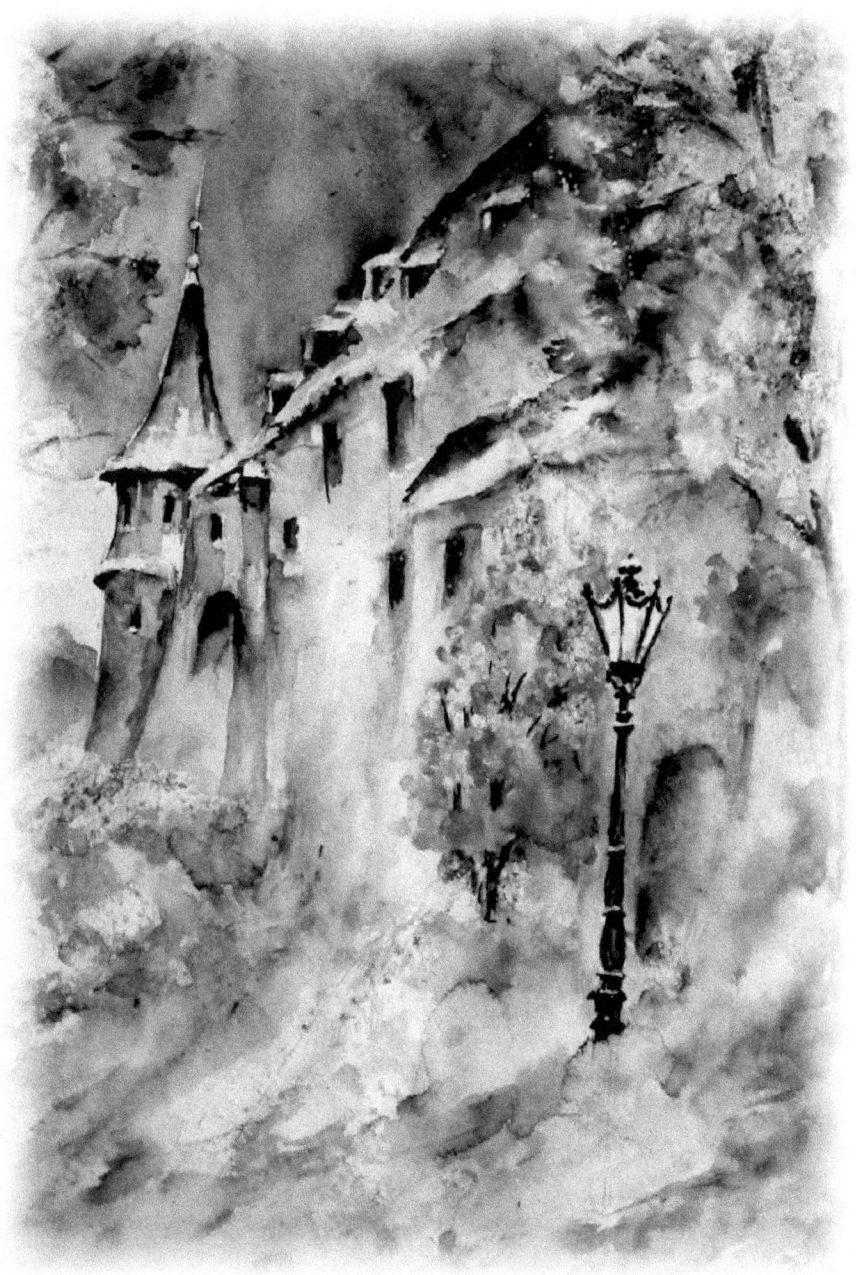

Sommer, Sonntag, Sonnenschein,

Die Geister schlafen, die Maler kommen

um den Zauber der Vergangenheit und die schöne Gegenwart im Schlosshof Hohenlimburg bei hellem Sonnenschein auf sich wirken zu lassen.

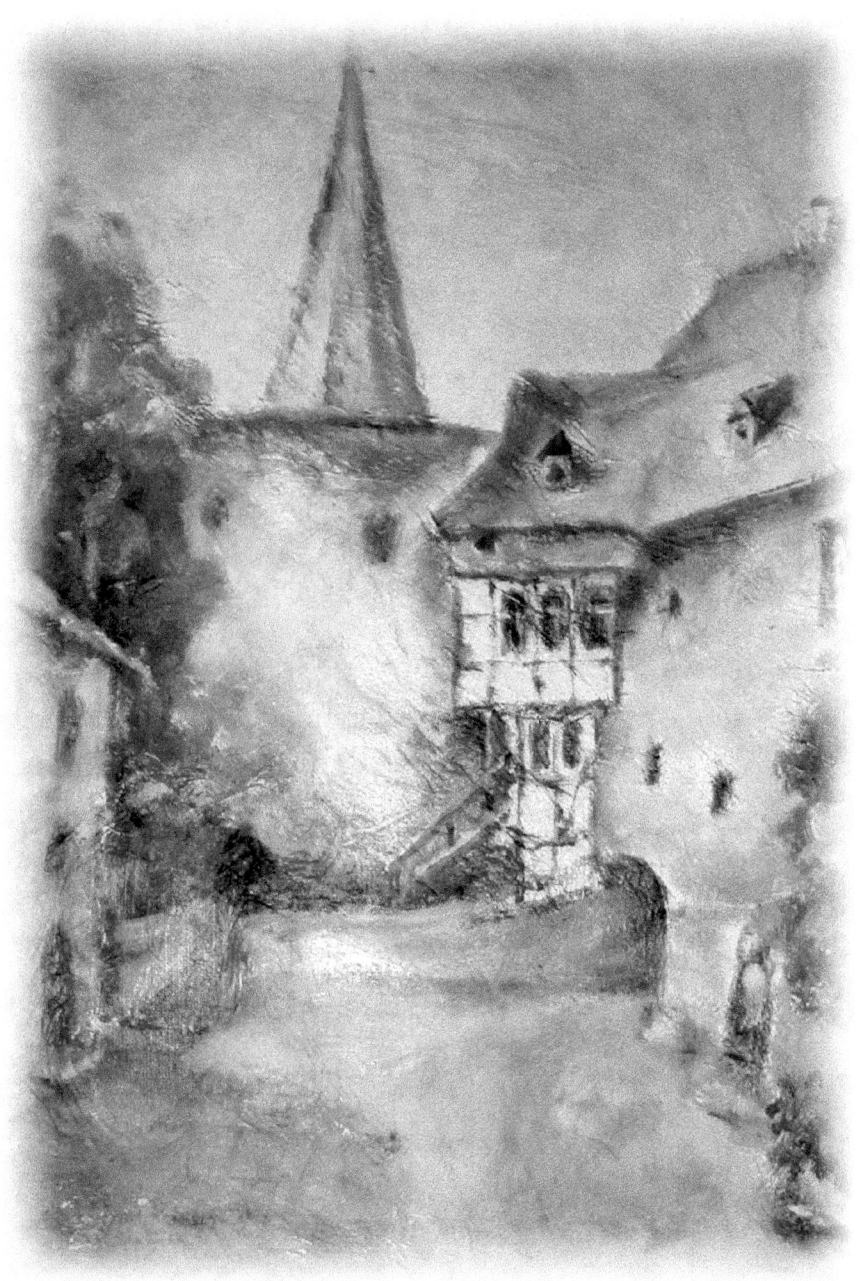

Die Zwerge vom Goldberg

In alter Zeit lebten bei Hagen in einer Höhle im Goldberg Zwerge. Heimlich halfen sie den Menschen bei ihrer Arbeit. Am Fuße des Goldbergs lag eine Schmiede. Oft kamen des Nachts die Zwerge aus ihrer Höhle. Sie gingen in die Schmiede. Dort fachten sie die Glut wieder an und schmiedeten Schwerter, Messer und Sensen. Sie verschwanden wieder, ehe die Schmiede zur Arbeit kamen.

Die Schmiede freuten sich über ihre unsichtbaren Helfer, denn die Zwerge schmiedeten viel bessere Klingen. Der Schmiedemeister verkaufte sie mit hohem Gewinn.

Die Leute glaubten, dass die Zwerge einen goldenen Schatz in ihrer Höhle hüteten. Zu gern hätten sie diesen Schatz gehabt. Sie beschlossen, den Schatz zu rauben.

Eines Nachts beobachteten die Schmiede, wie die Zwerge die Werkstatt verließen. Sie hielten den letzten der Zwerge fest. Der Zwerg bat, sie möchten ihn doch frei lassen. Dafür wollte er sie in die Höhle führen und reich beschenken. Dort dürften sie aber weder sprechen noch streiten.

Der Zwerg führte sie in die Höhle. Als die Schmiede die goldenen Schätze entdeckten, stürzten sie sich darüber. Jeder wollte am meisten haben. Sie stritten darum und schrieen sich an.

Da stieß der Zwerg an die Decke der Höhle. Sie stürzte herab und tötete alle Schmiede.

Kein Zwerg wurde seitdem mehr gesehen. Die freundlichen Helfer waren und blieben verschwunden.

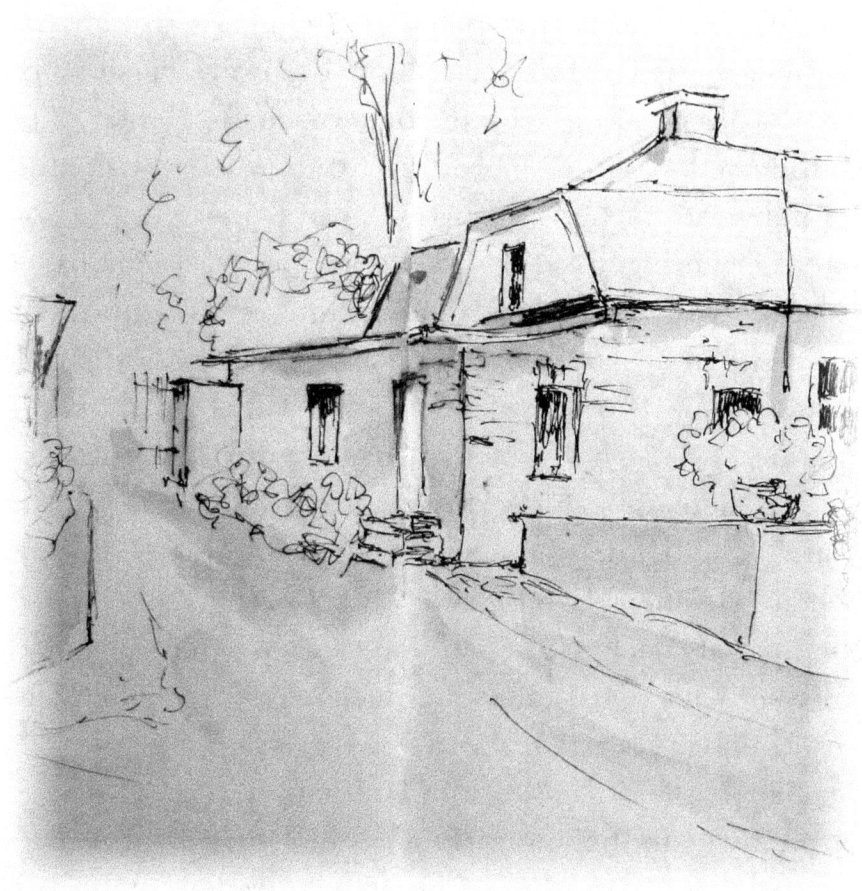

Schemanns Hof auf Haßley

Der Bauernhof Schulte-Wehberg in Haßley Schemanns Hof in Haßley liegt im Hagener Süden auf einer Anhöhe zwischen Lenne- und Volmetal. Schemmans Hof besteht aus mehreren jahrhunderte alten Fachwerkhäusern. Da die staatlich eingerichtete Bauernschaft Haßley und Holthausen keinen Chronikschreiber hervorbrachte, können historische Informationen nur über alte Steuerakten ermittelt werden. Nachdem im Dreißigjährigen Krieg verschiedene Heere Bauernhöfe zerstört und Ernten vernichtet hatten, brach im Jahr 1636 auch noch die Pest aus. Die Dörfer entvölkerten stark. Dadurch konnten viele Bauerhöfe nicht wieder aufgebaut werden. Auch Schemanns Hof verfiel zu dieser Zeit, 1645 war das Haus baufällig, die Scheuer verfallen und die Hälfte des Schemannschen Landes war mit Büschen überzogen. Hieraus läßt sich schließen, dass der Wiederaufbau des Anwesens nach 1645 begann, im Jahr 1658 war Schemanns Hof bereits wieder einer der größten Steuerzahler der Bauernschaft Haßley und Holthausen.

In meiner Kindheit war Haßley ein Dorf mit drei oder vier Bauernhöfen. Eine der Bauersfrauen stellte im Sommer ein paar Tische und Stühle in den Garten um die armen Wanderer mit Getränken zu versorgen

Damals ging man noch mit der Familie oder auch ganzen Nachbarschaften Sonntags spazieren. Und ab und zu kehrte man dann in dem Bauerngarten auch ein. Die Väter tranken ein Glas Bier, die Mütter bekamen eine Tasse Kaffe und wir Kinder, welch ein Genuss, eine Limonade mit viel Kohlensäure. Auf dem Heimweg wiederholte sich der Genuss dann noch. Die Kohlensäure wollte ja wieder aus dem Bauch raus und das verursachte dann ein wunderbares Kribbeln in der Nase. Der Sonntag war ein gelungener Tag und man sank wohlig müde ins Bett.

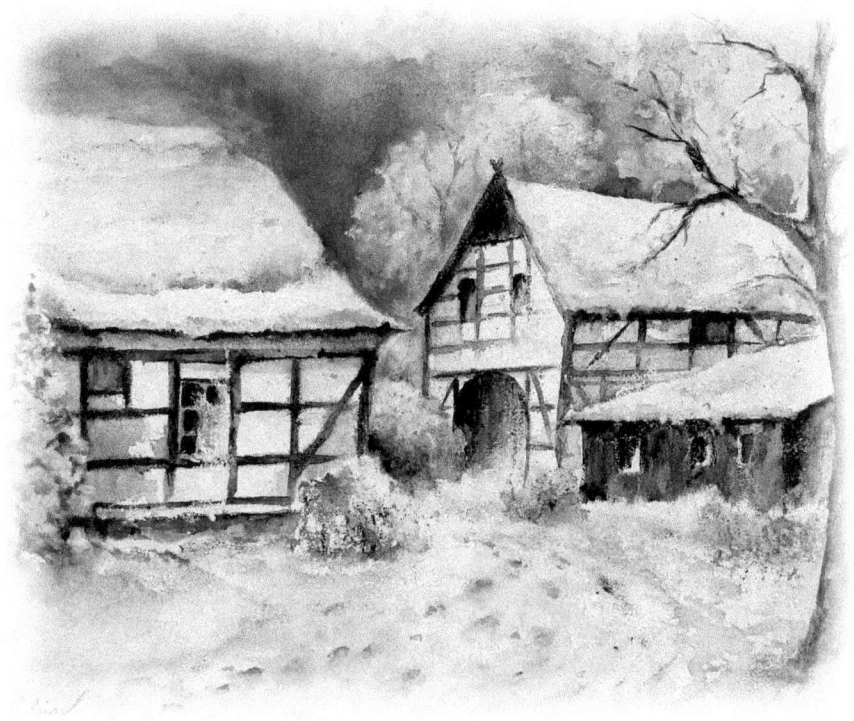

Hof Halden wurde 1446 zum ersten Mal erwähnt. Es ist eine sehr gut erhaltene, denkmalgeschützte Hofstelle.

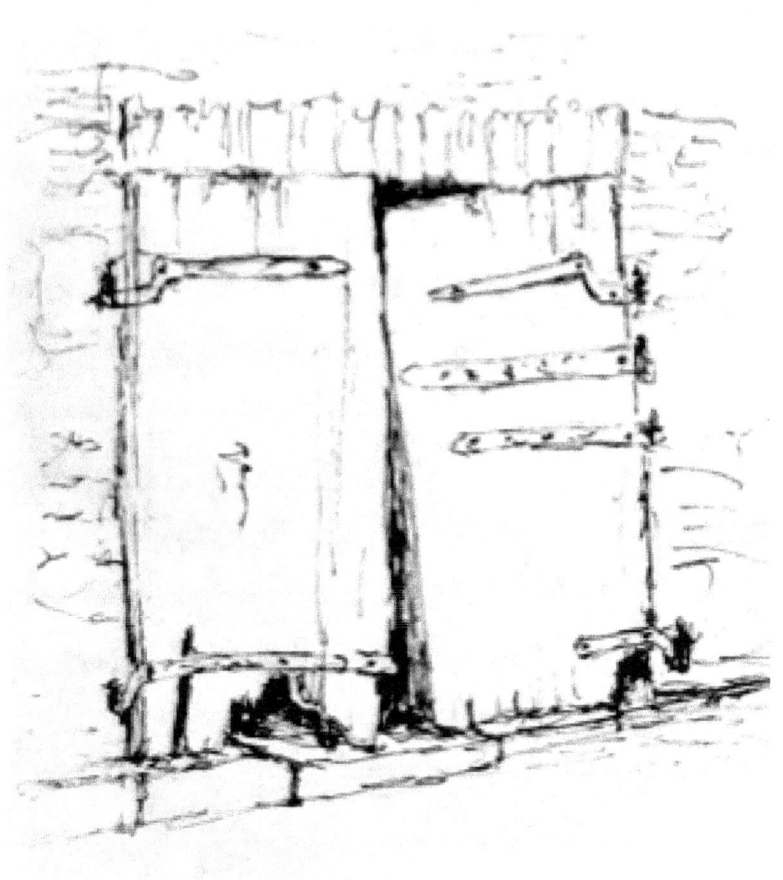

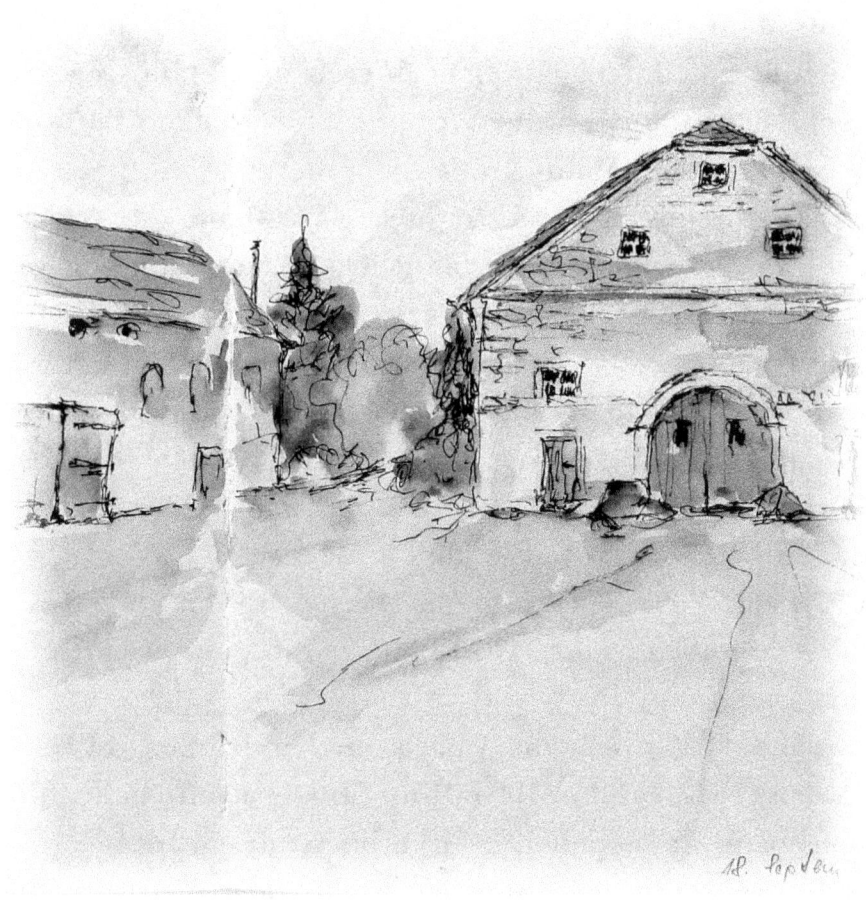

Haus Malinckrodt

Im Ruhrtal findet man viele Burgen und Schlösser z.B. auch Haus Malinckrodt, Wegen seiner üppigen Bauweise auch Schloss Malinckrodt genannt.

Es ist ein ehemaliges Rittergut am Westhang des Ardeygebirges über dem Ruhrtal gelegen. Der Fahrweg bis zum Eingang ist für Wanderer, und natürlich auch für Maler, frei zugänglich.

Um 1241 wurde die Burganlage noch "Mesekenwerke" genannt. Ihre Bewohner nannten sich später von Mallinckrodt Sie war ein Lehen der Grafen von Volmarstein, dann der Grafen von der Mark

Um 1446 wurde die Burg von Dietrich II von Moers niedergebrannt. Im Jahre 1619 brannte die Burg erneut nieder.

Im Jahre 1896 wurde die Anlage von dem Bankier Dr. Hans Jordan erworben und 1903/04 im Stil der flämischen Gotik umgebaut. Von der alten Burg verblieb nur ein Turm.

Anfang des 20. Jahrhunderts weilte der Künstler Fritz Gärtner für mehrere Jahre auf dem heute denkmalgeschützten Schloss und hatte im Gartenhaus sein Atelier eingerichtet.

Etwas weiter nördlich im Wald befindet sich der private Friedhof der Familie Jordan.

Im Privatbesitz befindlich und von mehreren Mietern bewohnt, ist die Anlage des Hauses Mallinckrodt nicht beziehungsweise nur sehr eingeschränkt zugänglich. Eine direkte öffentliche Kfz-Zufahrt- oder Parkmöglichkeit besteht nicht. Der Fahrweg bis zum Eingang der Anlage ist jedoch für Wanderer frei zugänglich und im Wald nur wenige hundert Meter am Schlossgelände vorbei verläuft der Wanderweg von Ruhrhöhenweg und Westfalenwanderweg, der Wegabzweig ist allerdings nicht ausgeschildert.

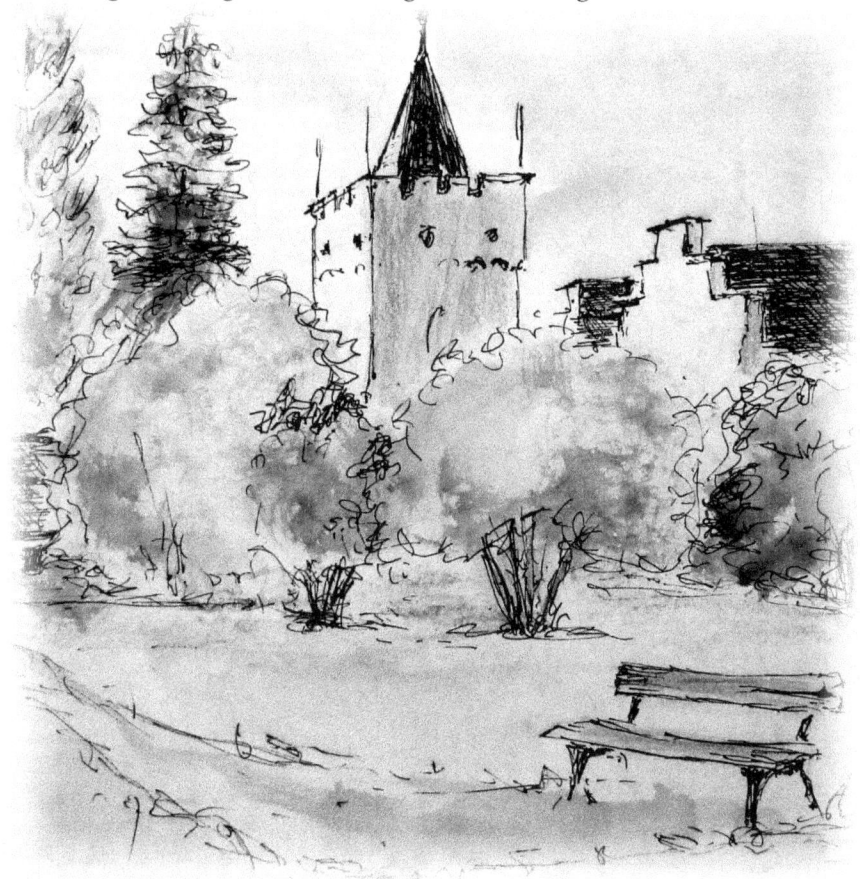

Gut Schede,

geht bis ins 9. Jahrhundert zurück und ist heute Bauernhof. Das Haus, wie wir es heute sehen wurde 1810 aus Ruhrsandstein gebaut und von Henry van de Velde und Peter Behrens umgestaltet. Es ist Privatbesitz der Familie Harkort

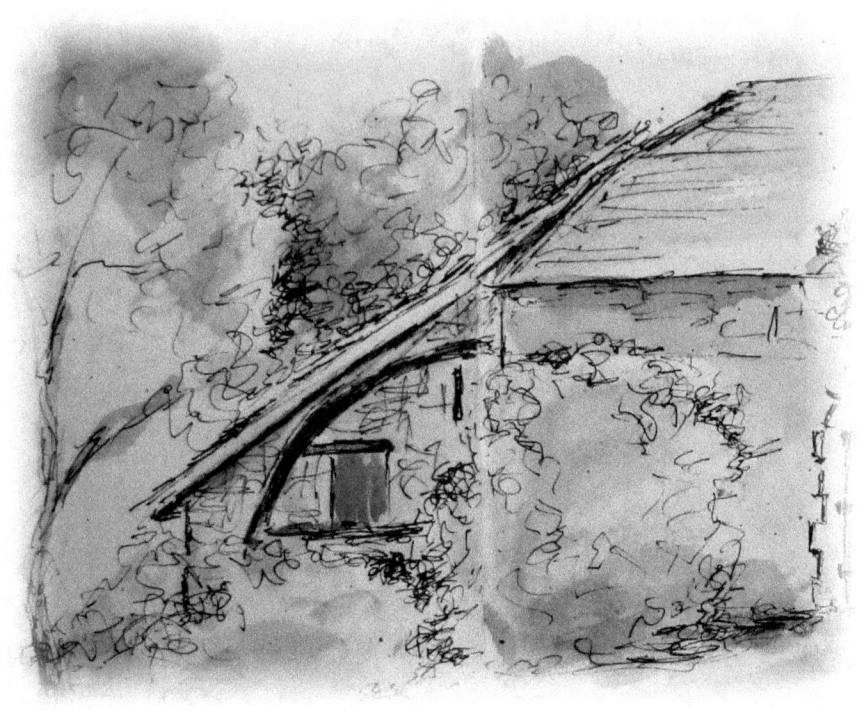

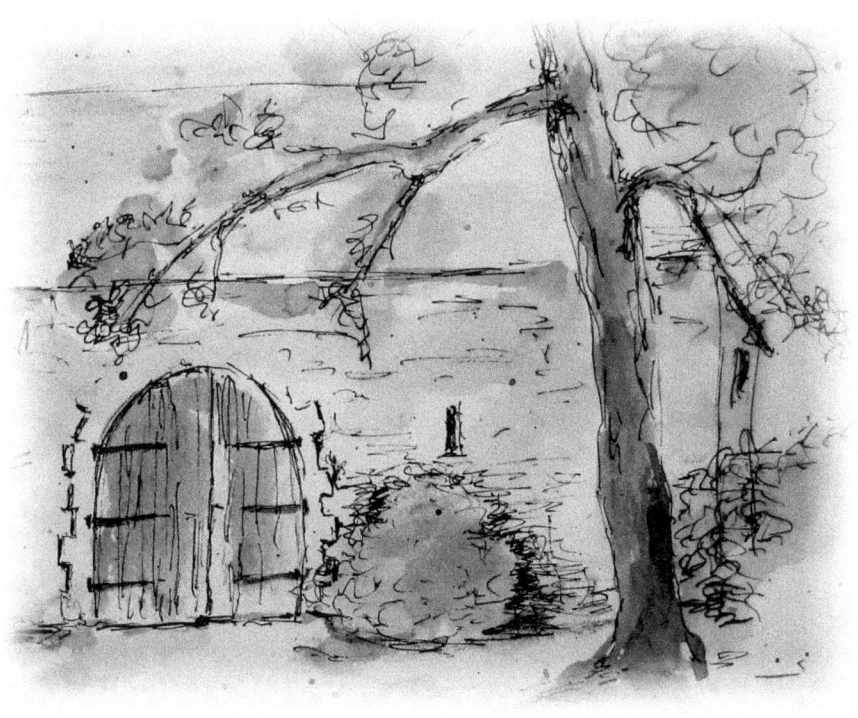

Weihnachtsmarkt in Hagen

Mit dem Riesenrad auf dem Hagener Weihnachtsmarkt zu fahren ist ein Erlebnis. Man hat rings herum einen freien Ausblick. Man darf nur nicht das Pech haben, dass ein Defekt auftritt und man am höchsten Punkt lange ausharren muss, bis die Höhenrettung mit langer Leiter aus einer Nachbarstadt anrückt, um die Leute zu retten. Dies geschah 2008.

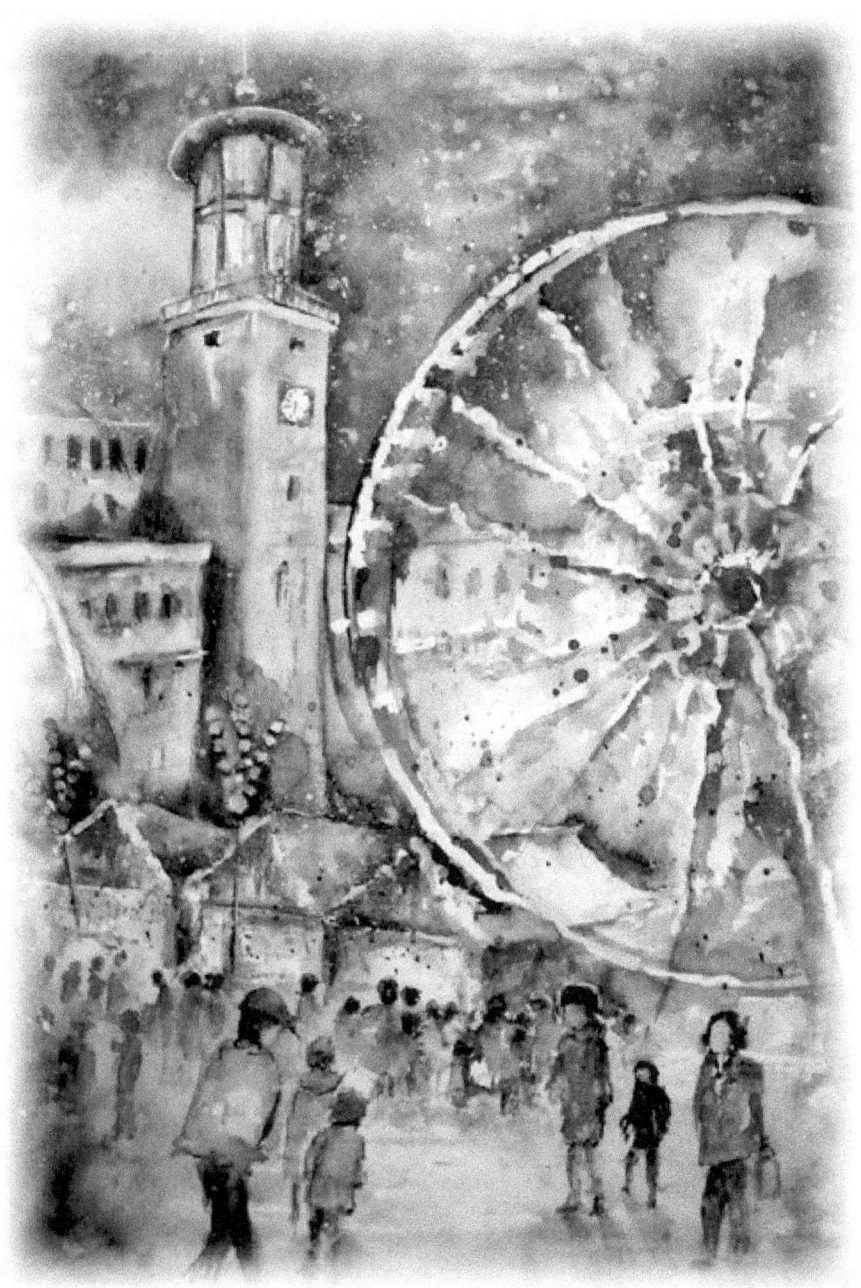

Das 1. Hagener Rathaus, das so genannte Akzisehaus wurde 1717 an der Ecke Mühlenstraße / Gerberstraße gebaut und stand dort bis 1932.

Das 2. Hagener Rathaus entstand 1832 an der Ecke Körner Straße / Heiden Straße. Es stand dort bis 1899

Am gleichen Standort folgte dann ein unter Oberbürgermeister Prenzel geplantes großzügiges neues Rathaus.

Das 5. Hagener Rathaus wurde 1961 begonnen und im Oktober 1965 in Betrieb genommen.

Im Jahr 2001 wurde es abgerissen um Platz für die „Neue City Hagen" zu schaffen

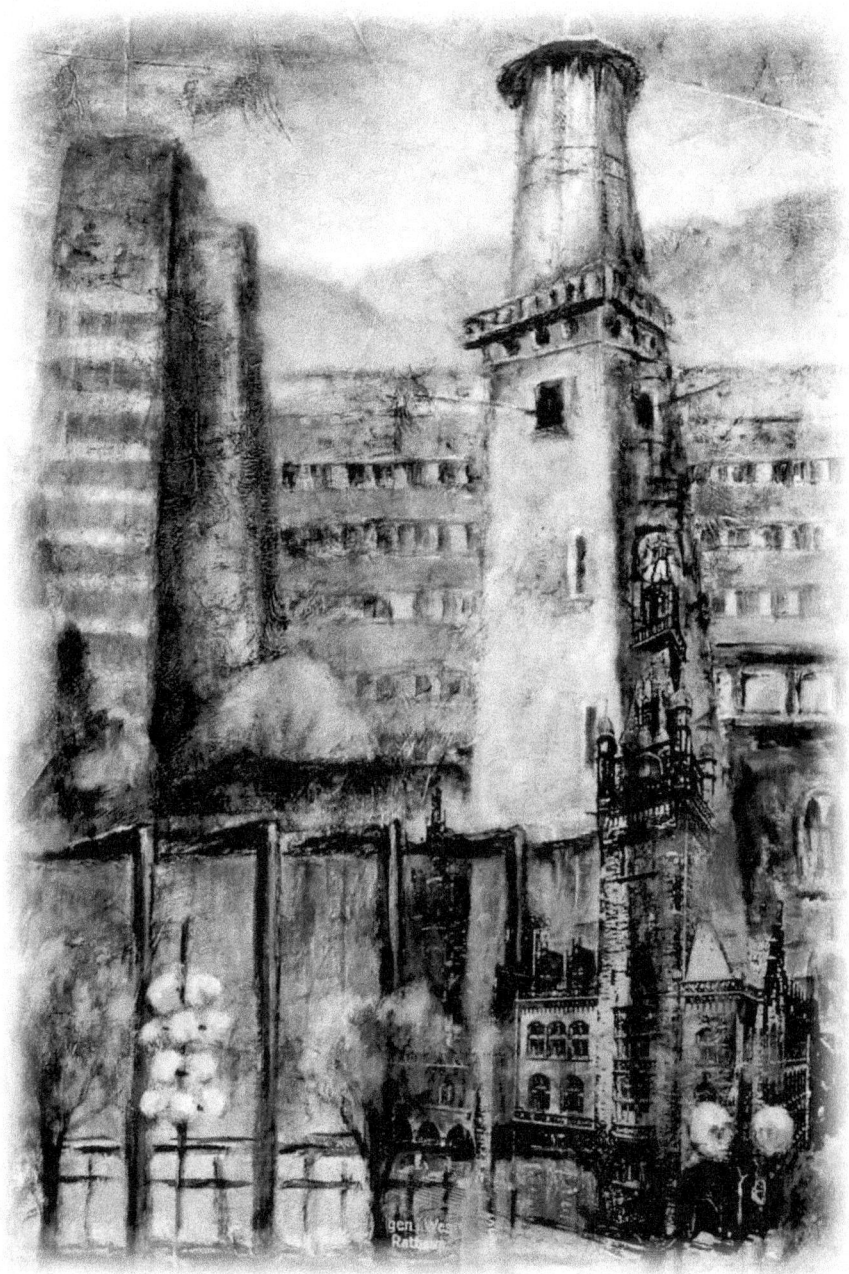

Gisela Polzin malt seit 1984 intensiv und bildete sich bei Künstlern wie Laslo Faller, Simon Fletcher und Angelika Khan-Leonard weiter. Bereits 1986 hatte sie ihre erste eigene Ausstellung im Torfhaus i. Westfalenpark Dortmund. Es folgten viele Einzel- und Gruppenausstellungen.

„(..) der Betrachter kann sich in die Landschaften hineinträumen, den Duft der Blumen wahrnehmen und die Eule rufen hören"
(Baden-Journal, Sept./Okt. 2008, S11)

Bilder haben eine besondere Bedeutung für Gisela Polzin. Sie tauchen vor ihrem inneren Auge auf und treten in Erscheinung – sie werden lebendig.
Angst vor der weißen Leinwand, dem leeren Blatt Papier kennt sie nicht. Sie malt intuitiv und locker. Mal macht sie eine Vorzeichnung, mal arbeitet sie aber auch direkt mit Pinsel und Farbe. Leuchtendes Rot, Blau und Gelb, spiegeln ihre Stimmungen und Empfindungen wider.

Gisela Polzin verinnerlicht Landschaft, Stadtansicht oder Architektur und fertigt zunächst Skizzen an, um die Eindrücke festzuhalten. Danach werden aus dem Gesehenen Bilderlebnisse gestaltet. Das Motiv wird weitgehend dem fließenden und bewegten Charakter der Farben untergeordnet, weil sich die Farben nicht an die Grenzen der dargestellten Elemente, etwa der Bäume und Wege, halten.

So entstehen transparente Farbzusammenhänge, die das Motiv der Auflösung näher bringen.

In einem besonderen Maße spielt auch das Licht eine Rolle in den Aquarelen von Gisela Polzin. Der Betrachter hat das Gefühl, die Aquarelle seien in einem besonderen Augenblick gemalt worden, in dem das Licht Spiegelungen erlaubt, die Farben der Flächen durchsichtig werden, der Blick nicht auf die Motive fällt, sondern in sie eindringt und nach den Geheimnissen sucht, die in ihnen und dahinter verborgen sein könnten.

Text: Steinbach, Overmann

Gisela Polzin
www.gisela-polzin.de

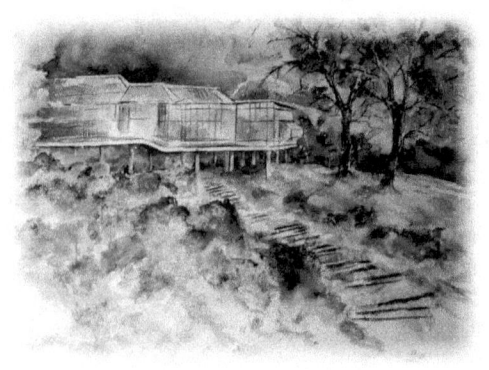

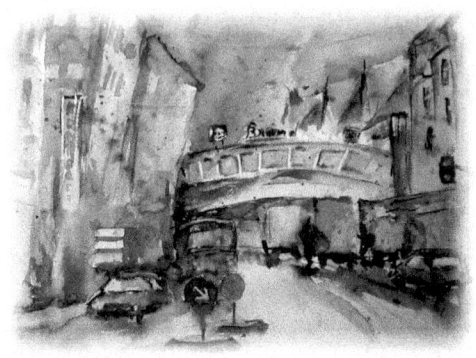

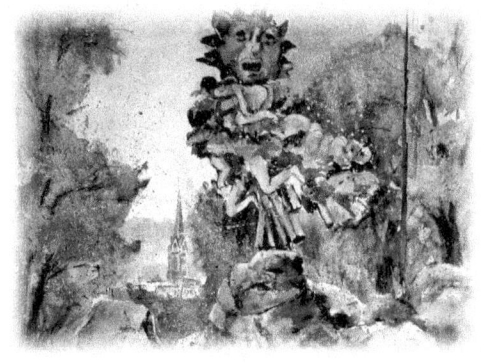

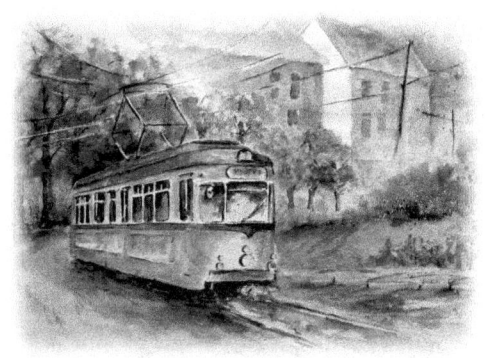

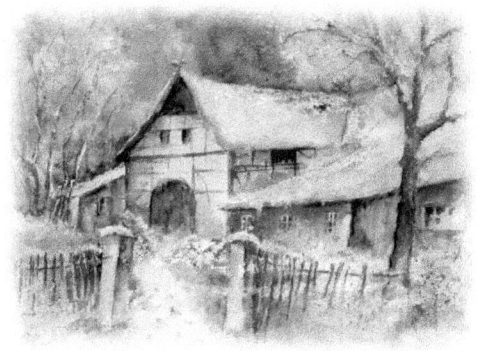

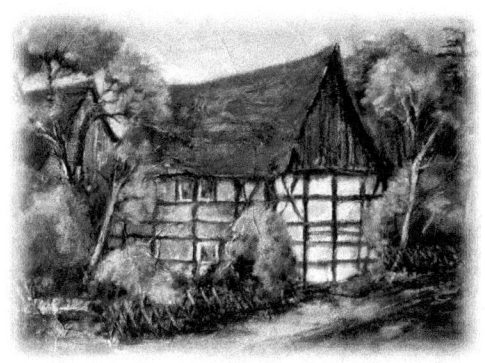

Herstellung und Verlag:
Books on Demand GmbH, Norderstedt
ISBN 978-3-8423-1352-1

www.ingramcontent.com/pod-product-compliance
Lightning Source LLC
Chambersburg PA
CBHW050021230526
45470CB00003B/1071